# L'EMPEREUR

# NAPOLÉON

ET

# LE ROI GUILLAUME

—◦◦◦—

PARIS

POULET-MALASSIS, ÉDITEUR

97, RUE DE RICHELIEU, ET PASSAGE MIRÈS, 36

—

1861

# L'EMPEREUR NAPOLÉON

## ET

## LE ROI GUILLAUME.

---

L'attention est aujourd'hui concentrée tout entière sur l'entrevue qui a lieu à Compiègne entre S. M. l'Empereur Napoléon et S. M. le Roi Guillaume. Quand les chefs de deux grands peuples, et par conséquent de deux grandes armées, se rencontrent, on sent que de hautes destinées vont être pesées. Et c'est ainsi compris en France comme en Allemagne.

Il y a de longues années déjà que dans ses études d'exil l'Empereur Napoléon III, en expliquant la politique napoléonienne, disait : « La Prusse se détache de l'alliance française, Napoléon est obligé de la dompter à Iéna. » Et il ajoutait, d'après Bignon : « On se demandera un jour pourquoi, dans les six dernières années de son règne, Napoléon s'est montré sans pitié pour la Prusse : c'est que la Prusse aura été la puissance qui lui aura fait le plus de mal, en le forçant à la combattre, à la détruire; elle qu'il eût voulu étendre, fortifier, agrandir, pour assurer, par son concours, l'immobilité de la Russie et de l'Autriche, pour donner au système continental un développement incontesté, et par là forcer l'Angleterre à la paix. »

Si la Prusse nous fit du mal, elle s'en fit plus encore à elle-même. En prenant parti contre la Révolution française, qui propageait et soutenait le principe des nationalités, elle se rendait d'autant plus difficile son rôle, qui est de centraliser la nation allemande.

A-t-elle profité des enseignements du passé? C'est ce qu'on va voir maintenant. Puisse la Prusse être à la hauteur de sa mission! Quand la Providence veut relever un peuple, toujours elle lui envoie les hommes nécessaires. Si l'Allemagne doit être sauvée, qui la sauvera? Sera-ce le Roi de Prusse? Le pourra-t-il, ou même le voudra-t-il?

Ce qui est certain, c'est que le gouvernement de l'Empereur est animé envers l'Allemagne, et notamment envers la Prusse, des intentions les plus bienveillantes et les plus désintéressées. Quand l'heure sera venue de faire pour l'Allemagne ce que nous avons fait pour l'Italie, l'Empereur y apportera le même empressement et les populations le même enthousiasme.

Les sentiments de la France pour l'Allemagne ne se sont pas démentis un instant. Ni les injustes défiances soulevées contre nous lors de la guerre de l'Indépendance italienne, ni les excitations violentes qui se sont produites aux anniversaires les plus douloureux pour nous, n'ont pu nous faire sortir du calme et de la modération qui caractérisent la politique impériale.

Les paroles suivantes, que l'on peut aujourd'hui, sans doute, mettre sans inconvénient sous les yeux du lecteur, témoignent des sentiments élevés de ce pays pour le grand peuple allemand :

« L'intérêt que je porte à la tranquillité et au bien-être

de l'Allemagne et des États de Votre Majesté en particulier, non moins que mon désir, qui lui est bien connu, de maintenir en Europe une paix durable, m'engagent à m'adresser directement à Votre Majesté, sans l'intermédiaire de la diplomatie, pour que, d'une part, elle soit bien convaincue que c'est une conviction personnelle qui me fait agir, et que, de l'autre, nos situations mutuelles soient dessinées franchement et sans arrière-pensée.

« D'après l'entretien que j'ai eu avec elle à Bade, et la déclaration que je n'ai pas hésité à lui remettre, Votre Majesté a pu connaître quels étaient mes sentiments sur l'Allemagne et la ligne de conduite que je me suis proposé de suivre. Cette déclaration renferme toute ma pensée et j'y persiste. Votre Majesté peut en faire l'usage qu'elle jugera convenable, et même la livrer à la publicité. Ma politique intérieure et extérieure a été dirigée dans le même esprit. Votre Majesté sait que je n'ai abandonné qu'au dernier moment, et devant l'opinion publique, l'espoir de faire entendre au roi de Naples des paroles de raison, au risque de prolonger en Italie la guerre civile. Maintenant, lorsque le Gouvernement sarde s'y sera consolidé, l'esprit de désordre aura perdu son boulevard. Une fois cette question fermée, la paix de l'Europe pourra s'établir sur des bases solides, telles qu'elle n'en a jamais eu. La France n'a pas l'esprit de conquête, elle a le sentiment de l'honneur et de sa propre dignité. J'ai, autant que possible, donné satisfaction à ses instincts, et l'annexion volontaire et pacifique de la Savoie a mis fin à une humiliation anormale qui ne pouvait que troubler l'harmonie européenne. Je le répète à Votre Majesté, mon unique désir est de sauvegarder, autant que possible, la paix.

« C'est dans ce but que je m'adresse aujourd'hui à Votre Majesté. Une inquiétude générale s'est élevée en Europe, elle grandit chaque jour davantage; l'Allemagne surtout tend malgré elle à jeter en Europe la pomme de discorde : c'est à Votre Majesté que revient le glorieux honneur de conduire cette noble nation à ses véritables destinées et d'être l'arbitre de la nation allemande. Je suis prêt à prendre toutes les mesures qui pourront être agréables à Votre Majesté, et qui pourront aider à l'alliance entre nos deux grands peuples. Mais la prudence est un devoir impérieux, surtout dans les circonstances présentes, et Votre Majesté a trop de sagesse pour ne pas prendre les précautions que nécessite une position si tendue.

« J'ai donc cru agir en loyal souverain, qui porte un véritable intérêt à votre couronne, en acceptant du Danemark une médiation amicale dans son différend avec la Confédération germanique. S. M. le Roi de Danemark est disposé à donner toutes les satisfactions compatibles avec son honneur qui pourraient contenter la Diète. Moi-même je me porte garant de sa bonne volonté à cet égard. Ne conviendrait-il pas à Votre Majesté de faire, de son côté, les démarches nécessaires pour que ce différend se vide pacifiquement? Et du reste, Votre Majesté doit savoir mieux que personne combien une guerre dans de telles conditions nuirait aux intérêts européens, et principalement à ceux de l'Allemagne. Pour ma part, et je ne doute pas que ce ne soit aussi le dessein de Votre Majesté, je m'opposerai par tous les moyens en mon pouvoir à une guerre semblable. Tel est aussi le désir de l'Angleterre. Unissons donc nos efforts, et rien alors, j'ai tout lieu de l'espérer, ne troublera la paix de l'Europe, surtout si, comme elle me l'a assuré à Bade, Votre Majesté a un aussi vif désir que moi-même de la maintenir. Elle aura de plus que moi le bonheur de ne pas avoir été obligée d'acheter la paix par deux guerres. »

Grâce à l'attitude résolue du gouvernement de S. M. le Roi de Danemark, qui déclara qu'il s'opposerait énergiquement à la *germanisation latente* du Danemark, et que si l'on voulait en réalité armer contre une autre puissance, il n'entendait pas servir de masque; grâce à la prudente fermeté du cabinet des Tuileries, et à la louable modération de la Diète Germanique et du cabinet de Berlin, les dangers qui menaçaient la paix de l'Europe et du monde au commencement de l'année furent écartés.

Aujourd'hui une paix durable peut être fondée par l'entrée sincère et complète de la Prusse dans l'alliance occidentale.

Et pour cela il ne lui faut que :

1° Reconnaître S. M. le Roi d'Italie, comme l'ont fait la France, l'Angleterre, etc., etc.;

2° Voter avec la France et l'Angleterre pour l'union des principautés Roumaines, dans les conférences actuelles ;

3° Faire avec la France un traité de commerce comme la France en a fait un avec l'Angleterre.

On attend avec anxiété la reconnaissance du royaume d'Italie par la Prusse; c'est par là que la Prusse doit montrer jusqu'à quel point sont fondées les espérances qui ont été mises en elle par l'Allemagne et par tous ceux qui sont attachés à la cause de la liberté et du progrès.

L'Italie est actuellement la pierre de touche de la Prusse, en ce sens que la Prusse sera jugée en raison de ce qu'elle fera pour ou contre la nation italienne.

L'Italie a moins besoin encore d'être reconnue par la Prusse que la Prusse n'a besoin de reconnaître l'Italie : car, s'il est vrai de dire que l'Italie puiserait une certaine force dans cette reconnaissance, il est incontestable que la Prusse, en refusant plus longtemps de reconnaître l'Italie, accomplirait un véritable suicide politique. En effet, que serait la Prusse si elle n'était le Piémont de l'Allemagne?

Il n'y a point, que nous sachions, de motif sérieux de refus que l'on puisse invoquer.

L'Electorat de Brandebourg a été transformé en Royaume de Prusse d'une manière assurément moins régulière que le Royaume de Sardaigne en Royaume d'Italie.

Qu'aurait à objecter contre des annexions populaires et libres une puissance qui a constamment mis en pratique le procédé des *arrondissements* plus ou moins volontaires?

Il serait bizarre que la sécularisation de l'Etat pontifical fût incriminée par la puissance qui elle-même ne s'est formée que par la sécularisation d'un ordre ecclésiastique!

Quant aux craintes concernant l'indépendance spirituelle du Saint-Père, ce seraient là des soucis excessifs de la part d'un Etat protestant.

Pour ce qui concerne la suppression du royaume des Deux-Siciles et des autres principautés italiennes au profit de l'Etat du nord de l'Italie, que son patriotisme avait mis à la tête du mouvement national, ce ne sont pas là des précédents bien effrayants pour la puissance qui prétend à juste titre à l'hégémonie allemande.

Enfin, comment la Prusse pourrait-elle contester le titre de grande puissance à un Etat qui compte déjà près du double d'habitants de ce qu'elle en a elle-même?

On a prêté au ministre des affaires étrangères de Berlin, M. de Bernstorff, les motifs suivants d'ajourner indéfiniment la reconnaissance du royaume d'Italie :

« En fait, le royaume d'Italie n'est point constitué, et avant qu'on puisse le reconnaître il faut qu'il existe. Peut-on dire qu'il existe un royaume d'Italie tant que le royaume de Naples est en proie à la guerre civile et qu'une portion de la population semble protester contre l'annexion? Le royaume d'Italie ne peut se passer de Rome, qui en est le cœur et la capitale obligée ; tant que le roi Victor-Emmanuel n'aura pas fait de Rome le siége de son gouvernement, il n'y aura point un royaume d'Italie ; Venise et ses provinces ne sont pas moins indispensables à un royaume d'Italie que Naples et Rome. Quand le roi Victor-Emmanuel sera en possession de Naples, de Rome et de Venise, il sera temps de délibérer sur la reconnaissance du royaume d'Italie. — Reconnaître le royaume d'Italie, c'est proclamer l'unité de l'Italie ; c'est donner un grand encouragement aux sociétés secrètes allemandes qui prétendent établir l'unité de l'Allemagne par des moyens violents et anti-sociaux que tous les gouvernements confédérés doivent réprouver, même alors qu'ils approuveraient le but final que l'on poursuit. Dans le cas présent, la fin ne justifie pas les moyens, et les moyens obligent à renoncer à la fin. La prudence veut que l'on se précautionne contre l'éventualité d'une guerre où l'Allemagne serait obligée de prendre part. Si cette guerre éclatait jamais, la lutte s'établirait, comme toujours, sur les bords du Rhin et sur les frontières qui séparent l'Autriche de l'Italie. L'Italie, qui voudrait conquérir les provinces que possède l'Autriche, figurerait au premier rang des ennemis de l'Allemagne. La Prusse peut-elle s'exposer, en s'empressant de reconnaître le royaume d'Italie, ce qui donnerait à ce royaume une grande force, au reproche d'avoir sacrifié l'intérêt allemand ? — Enfin, l'Autriche n'aurait-elle pas un juste sujet de se plaindre de la Prusse, car la Prusse aurait donné à l'Italie une grande force morale, et l'aurait aidée à développer et à compléter sa puissance militaire, au moment où les organes du gouvernement du roi Victor-Emmanuel s'accordent à proclamer qu'ils déclareront la guerre à l'Autriche aussitôt que leurs préparatifs seront terminés ? »

Si ce fut un scandale d'entendre autrefois un ministre

autrichien, M. le prince de Metternich, dire, en parlant de l'Italie morcelée : « L'Italie n'est qu'une dénomination géographique, » que penser aujourd'hui d'un ministre prussien, M. de Bernstorff, qui, lorsque vingt-deux millions d'Italiens, après un si grand héroïsme sur le champ de bataille, après tant de sacrifices et au milieu d'une telle concorde, ont tous unanimement acclamé le même roi, se demande philosophiquement si le Royaume d'Italie existe.

Puisque vous reconnaissez que Rome et Venise sont indispensables à l'Italie, pourquoi ne pas aider l'Italie à les avoir? Vous ne sauriez, d'autre part, les refuser à l'Italie sans nier le principe de nationalité, et contredire par conséquent le principe de par lequel seul l'Allemagne peut se constituer.

Loin que la reconnaissance du Royaume d'Italie implique aucun sacrifice d'intérêts allemands, rien ne pourrait accélérer davantage les destinées de la nation allemande. L'Autriche en souffrirait sans doute ; mais tout homme d'État sait que la disparition de l'Autriche ne serait pas plus nuisible à la nation allemande qu'à la nation italienne.

Quoi qu'il en soit, et en dépit des efforts du parti rétrograde, S. M le Roi de Prusse ne peut tarder à reconnaître le Roi d'Italie, et ce n'aura pas été le résultat le moins important de l'entrevue de Compiègne.

Les puissances qui tiennent à la réunion d'un Congrès pour résoudre pacifiquement les questions encore pendantes de la politique européenne ne peuvent que se réjouir d'un tel résultat, puisque nul Congrès n'est plus possible sans qu'une puissance aussi considérable que l'est déjà l'Italie n'y soit, et que, pour y être légalement convoquée, il était nécessaire qu'elle fût reconnue par la majorité des grandes puissances.

Pour le règlement des affaires des Principautés Unies de

Moldavie et de Valachie, la Prusse doit se rallier aux sentiments des deux puissances occidentales, la France et l'Angleterre, dans les conférences de Constantinople. Il importe que cette jeune nation roumaine, relevée par le patronage de l'Europe, puisse le plus tôt possible compléter sa constitution.

S. A. le Prince Alexandre-Jean a su, au milieu de graves difficultés, maintenir la tranquillité du pays tout en favorisant le développement des libertés publiques. Mais il s'est trouvé entravé dans l'œuvre régénératrice par l'imperfection du mécanisme qu'a organisé une convention faite loin du pays. Le premier besoin de ces contrées est une réforme électorale, qui, en élargissant la base du vote, fasse disparaître un *pays légal*, véritable oligarchie qui domine à la fois le prince et le peuple, et enlève toute réalité au régime constitutionnel. Les réformes libérales et populaires confiées par la Convention du 19 août 1858 aux assemblées du pays ne peuvent aboutir, puisque ces assemblées ne sont composées que de privilégiés. Et le prince ne peut user utilement du droit de dissolution en présence d'un corps électoral tellement restreint que les élus sont comme inamovibles. Les vœux unanimes émis à diverses reprises pour l'union complète des deux principautés sont restés les mêmes. Dans l'une comme dans l'autre principauté, tous demandent la réunion des deux assemblées et des deux ministères. Les puissances qui ont pris ces pays sous leur sauvegarde tutélaire se doivent à elles-mêmes d'accéder sans retard à des vœux aussi légitimes, à des besoins aussi impérieux, d'autant plus que la Porte suzeraine s'en fait elle-même le premier interprète.

En votant dans la conférence de Constantinople avec la France et l'Angleterre, la Prusse agira dans son intérêt bien entendu, et substituera, au profit de l'Allemagne, son influence à celle de l'Autriche, qui compromet sur le Danube les intérêts allemands.

Un troisième point, qui a naturellement préoccupé S. M. l'Empereur Napoléon et S. M. le Roi Guillaume, c'est le traité de commerce, qui, en rattachant à la France la Prusse et les Etats allemands groupés autour d'elle, est destiné à rapprocher par des liens matériels deux peuples qu'ont trop souvent séparés d'antiques préjugés. Le commerce de la Prusse est largement favorisé par l'abaissement des droits sur ses lins, ses chanvres, ses fers, comme le commerce français par les diminutions sur ses vins, ses soies, les articles de Paris. Le tarif des douanes réduit sur de nombreux articles, le transit facilité, les formalités pour les voyageurs et pour les marchandises modifiées et abrégées, ne peuvent manquer d'exciter un grand essor dans le commerce et l'industrie des deux pays.

Si donc la presse anglaise s'est élevée avec acrimonie contre l'idée seule d'un traité de commerce entre la France et la Prusse, cela tient aussi bien à des craintes politiques contre l'alliance franco-prussienne qu'à une jalousie industrielle, et à sa colère de se voir disputer le commerce des mers du Nord. Quant à la Prusse, outre la gloire incontestée d'avoir tracé les premiers jalons de l'unité allemande par l'établissement pratique de l'union douanière (Zollverein) avec plusieurs États du centre soumis à son influence, elle aura trouvé dans ce traité, en même temps qu'une défense utile contre le despotisme commercial des Anglais, une nouvelle source de richesse. Son entente politique et commerciale avec la France lui donnerait sur l'Allemagne une autorité qui la conduirait rapidement à l'unité et à des rapports internationaux amicaux entre les deux grands peuples : car dans de tels traités la France cherche non pas à dominer les marchés et les industries étrangères, mais à favoriser les échanges commerciaux en développant les industries nationales, au plus grand profit des autres comme d'elle-même.

Mais le plus grand avantage que puisse retirer la Prusse de l'alliance occidentale sera d'être délivrée tout à la fois de la dualité autrichienne et de la tutelle russe. L'alliance autrichienne, en effet, est doublement dangereuse pour la Prusse. Par elle la Prusse, tant qu'existe l'empire autrichien, non-seulement doit renoncer à l'unité allemande, mais se trouve à tout instant exposée à des collisions et à des guerres pour des intérêts non allemands qui mettent en danger la Prusse, afin de protéger l'édifice vermoulu de la maison d'Autriche et lui conserver des provinces étrangères. L'Autriche essaye de la retenir en lui offrant *in extremis* le commandement militaire de la Confédération ; elle renoncerait même volontiers, pour le moment du moins, à toute influence en Allemagne, pourvu qu'elle lui conservât son empire sur ses sujets non Allemands.

Si l'Autriche annule en Allemagne l'influence prussienne et si chaque coup porté aux restes du Saint-Empire-Romain relève le niveau de la Prusse, la tutelle ombrageuse de la Russie lui enlève en Europe sa part légitime d'influence. Il serait donc d'une mauvaise politique pour la Prusse de dédaigner l'alliance française, quand la France, en frappant et l'Autriche et la Russie, a fait grandir la Prusse de l'influence qu'elle a fait perdre à ses ennemis. Plus l'attitude du cabinet de Berlin sera douteuse, indécise ; plus il craindra d'accabler l'Autriche déjà à terre, d'affaiblir davantage la Russie ; plus il donnera de sujets de défiance à la France, sa véritable alliée, moins il trouvera en elle d'appui et de sympathie, moins il aura d'influence et d'autorité en Allemagne.

La politique française est comme le Sphinx : heureux ceux qui savent deviner.

A l'entrevue de Plombières, le comte de Cavour, comprenant que la meilleure chance pour sa patrie était de baser son relèvement sur le principe des nationalités franchement proclamé, et que par conséquent le Piémont ne pouvait s'agrandir de tous les pays italiens qu'à la condition de renoncer à tout ce qui n'était pas italien, prononça le mot *Savoie*. A quoi il fut répondu : *L'Italie libre des Alpes à l'Adriatique*. Si elle ne l'est pas encore jusqu'à l'Adriatique, déjà elle l'est des Alpes à l'Etna, et Venise sait que sa délivrance est peu éloignée.

L'étude de l'histoire de César nous montre que la France telle que l'ont rêvée nos rois, telle que la voulut et la fit la Révolution, c'est la Gaule dans les limites où la trouva César : entre les deux mers, les Pyrénées, les Alpes et le Rhin. C'est ce que Napoléon appelait le *sol sacré de la grande nation*; et deux fois, plutôt que d'en céder un pouce, il aima mieux abdiquer. Et c'était juste, car ce que des esprits inattentifs considèrent comme des conquêtes de nous sur nos voisins, ce ne sont en réalité que des alluvions étrangères restées des invasions germaines, en France sur la rive gauche du Rhin, comme en Pologne sur la rive droite de l'Oder.

Ce qui peut sembler un paradoxe, et ce que pourtant les faits montreront être une vérité absolue, c'est que la Prusse ne commencera à être réellement forte que du jour où elle inscrira d'elle-même sur le drapeau national noir, or et rouge : *L'Allemagne libre et une du Rhin à l'Oder*.

Et cependant nous ne demandons rien.

La France combat pour une idée; c'est une nation de dévouement. Nous sommes désireux que ce qui nous est dû ne nous revienne qu'en échange de services rendus d'abord, et que les annexions, même les plus légitimes, de provinces sœurs, ne nous arrivent que comme la suprême récompense d'un devoir international accompli.

S. M. l'Empereur a un trop haut sentiment des devoirs de la France et de sa propre mission pour ne pas faire les plus grands efforts afin de dissiper de regrettables malentendus. C'est ce qu'il a tenté dans la visite qu'il fit, à Bade, à S A. R. le Prince Régent, et c'est ce qu'il a dû désirer compléter dans la visite que lui rend S. M. le Roi Guillaume.

Dans un temps où tous les peuples sont poussés vers la constitution de leur nationalité, le gouvernement de l'Empereur ne pouvait voir avec indifférence les élans patriotiques d'un peuple voisin et ami.

Au milieu de l'Allemagne divisée, la Providence offre la couronne nationale au plus digne des princes allemands qui saura saisir l'occasion et oser. C'est plus facile pour la Prusse que pour tout autre.

« Si je fusse né prince allemand, disait Napoléon à Sainte-Hélène, j'aurais certainement réuni les trente millions d'Allemands sous mon sceptre, et, les connaissant comme je les connais, ils ne m'auraient jamais abandonné. »

La France d'aujourd'hui n'a point la petitesse de redouter une Allemagne forte et grande, pas plus qu'elle n'a redouté une Italie grande et forte. Elle verrait, au contraire, avec joie, qu'il y eût une grande nation allemande et une grande nation italienne comme une grande nation française.

Mais la France n'a point l'idée d'influer sur la forme qu'il conviendra aux Allemands d'adopter pour leur nation. Si elle applaudit à l'unité allemande, elle ne verrait pas avec moins de plaisir se resserrer les liens fédératifs de l'Allemagne, de l'assentiment commun des princes et du peuple.

S. M. le Roi Guillaume, qui avait pu juger à Bade des vrais sentiments de l'Empereur Napoléon, tant à son égard qu'à l'égard de la nation allemande, a pu juger aussi, il y a un an, à Varsovie, de quelles dispositions réelles sont animés les Empereurs de Russie et d'Autriche.

Et d'ailleurs, un serment de Varsovie en 1860, s'il eût existé, n'eût pu que préparer les voies à ces mêmes conséquences qu'attira à la Prusse le serment de Postdam de 1805 :

« Qu'ils apprennent que, s'il est facile d'acquérir un accroissement de domaine et de puissance avec l'amitié du Grand Peuple, son inimitié (que l'on ne peut provoquer que par l'abandon de tout esprit de sagesse et de raison) est plus terrible que les tempêtes de l'Océan.

« Donné à notre quartier impérial à Bamberg, le 6 octobre 1806.

« NAPOLÉON. »

(*Proclamation à l'Armée en ouvrant la campagne d'Iéna.*)

6 octobre 1861.

4008. — Paris, imp. Ch. Jouaust, rue Saint-Honoré, 338.